INSTITUT DE FRANCE

ACADÉMIE DES SCIENCES MORALES ET POLITIQUES

LE
DIVORCE DE L'EMPEREUR

ET LE
CODE NAPOLÉON

PAR

M. COLMET DE SANTERRE

MEMBRE DE L'INSTITUT

PARIS

ALPHONSE PICARD ET FILS, ÉDITEURS

82, RUE BONAPARTE, 82

1894

INSTITUT DE FRANCE

ACADÉMIE DES SCIENCES MORALES ET POLITIQUES

LE
DIVORCE DE L'EMPEREUR

ET LE

CODE NAPOLÉON

PAR

M. COLMET DE SANTERRE

MEMBRE DE L'INSTITUT

EXTRAIT [DU COMPTE RENDU
De l'Académie des sciences morales et politiques
(INSTITUT DE FRANCE)
PAR MM. HENRY VERGÉ ET P. DE BOUTAREL
Sous la direction de M. le Secrétaire perpétuel de l'Académie

---

PARIS

ALPHONSE PICARD ET FILS, ÉDITEURS
82, RUE BONAPARTE, 82

—

1894

LE DIVORCE DE L'EMPEREUR

ET LE CODE NAPOLÉON.

MESSIEURS,

Ce n'est pas l'histoire du divorce impérial que j'entreprends de vous raconter après tant d'autres ; je veux étudier, au point de vue exclusivement juridique, l'acte par lequel on a rompu, ou essayé de rompre, le lien civil qui unissait l'empereur Napoléon à l'impératrice Joséphine. Je ne parlerai du reste que du lien civil, laissant de côté ce qui concerne le mariage religieux. La sentence qui en a prononcé la nullité a été étudiée avec tant de soin par M. Welschinger que je ne saurais rien ajouter à ce qu'il a dit.

Le mariage civil de l'Empereur a été rompu par un sénatus-consulte, en date du 16 décembre 1809, dont la partie principale est ainsi conçue :

Article premier. — Le mariage contracté entre l'empereur Napoléon et l'impératrice Joséphine est *dissous* (1).

Le mariage dont la dissolution était ainsi prononcée avait été contracté devant l'officier de l'état-civil du 2ᵉ arrondissement de Paris, le 9 mars 1796.

Le travail dont j'ai l'honneur de commencer devant vous la lecture, a pour objet d'apprécier la valeur de l'acte dont vous venez d'entendre la disposition première et principale. Cet acte met en présence deux personnes, Napoléon et Joséphine, qui manifestent une volonté commune de dissoudre leur mariage, et un grand corps de État, qui, en

(1) Bulletin des Lois (IV, Bulletin CCLIII, nº 484).

s'appuyant sur cette volonté, prononce la dissolution. Il s'agit de savoir : 1° si le consentement mutuel était assez puissant pour rompre le lien conjugal ; 2° s'il était dans les attributions du Corps politique qu'on avait saisi de l'affaire, de recevoir ce consentement et d'en tirer des conséquences juridiques.

Sur le premier point, il n'y a pas de doute ; le consentement n'a pas par lui-même assez d'énergie pour détruire un mariage, parce que le mariage n'est pas un contrat purement consensuel ; il est soumis à des formalités qui assurent à la fois la liberté des volontés intéressées, et la réunion des conditions requises pour que le mariage soit légalement possible. La destruction du mariage, par contre, n'est pas abandonnée à la simple manifestation de deux volontés. Depuis que le divorce a été autorisé en France, il a toujours été subordonné à des conditions de forme et de fond, et il doit être prononcé par une autorité compétente qui vérifie si ces conditions sont remplies. J'ajoute que s'il ne s'agit pas d'un divorce mais d'une annulation du mariage, l'intervention d'une autorité est encore plus nécessaire.

Ceux qui ont conduit cette grande affaire de la rupture du lien conjugal entre les deux souverains, n'ont pas tenté de rompre le mariage par une simple convention. Ils ont cherché à faire intervenir le Sénat ; mais ce grand Corps était-il compétent ? C'est la seconde question que j'ai posée, c'est la plus difficile ; on ne peut la résoudre que par un examen minutieux des lois constitutionnelles et des lois civiles.

Et d'abord il faut déterminer en quelle qualité le Sénat est intervenu dans l'acte de dissolution du mariage. Etait-il officier de l'état-civil, était-il un tribunal, était-il une assemblée investie du pouvoir législatif ?

Le Sénat ne pouvait certainement pas prétendre au rôle un peu effacé d'un officier de l'état-civil, et tous les documents officiels nous montrent que ces fonctions ont été remplies par l'archi-chancelier Cambacérès, en vertu de l'article 14 du statut sur la famille impériale (30 mars 1806). Cette qualité, d'ailleurs, n'aurait pas attribué au Sénat le droit de prononcer le divorce par un simple acte de sa pure volonté. Car aucune des lois sur le divorce ne confère à l'officier de l'état-civil un tel pouvoir discrétionnaire. La première en date, celle du 20 septembre 1792, plus complaisante pour le divorce que le code civil, exige néanmoins dans la plupart des cas, l'intervention préalable d'une autorité judiciaire et, alors même qu'elle admet le consentement mutuel comme cause de divorce, elle subordonne le pouvoir de l'officier civil à des conditions de procédure auxquelles le Sénat de 1809 n'a pas songé.

Il ne s'agit pas, au surplus, d'appliquer au divorce qui nous occupe la loi de 1792. Celle qui était en vigueur en 1809, c'est la loi de 1803, c'est le code Napoléon. D'après ce code, non seulement le divorce pour cause déterminée ne peut être prononcé par l'officier de l'état-civil qu'en vertu d'un jugement, à la suite de procédures où l'un des époux a été demandeur et l'autre défendeur ; mais encore, quand le divorce s'appuie sur le consentement mutuel, le tribunal civil doit examiner si toutes les conditions requises ont été remplies, et déclarer par un jugement, si la loi permet ou empêche le divorce.

De ces observations, il résulte que le Sénat n'a pas pu agir, comme officier de l'état-civil, a-t-il donc agi comme un corps judiciaire ? S'est-il substitué au Tribunal civil ou à la Cour d'appel pour rendre un jugement ou un arrêt ?

La réponse sur ce point, me paraît devoir être très catégorique. Le Sénat n'avait pas le droit de prononcer un jugement et il n'a pas essayé de le faire.

Que le Sénat, institué par la Constitution de l'an VIII et dont les attributions ont été augmentées par des actes postérieurs, ait reçu une portion quelconque du pouvoir judiciaire, c'est ce qu'il est impossible de soutenir quand on examine ces différents actes. Le Sénat lui-même a reconnu sur ce point son incompétence. D'abord il n'a entendu ni les parties intéressées, ni leurs représentants. Aussi bien, s'il avait écouté des plaidoieries, il se serait exposé à entendre de sévères récriminations ; car le défenseur de Joséphine, parlant en son nom, auraitpujeter au Sénat de l'empire de fières paroles, inspirées par celles que de Sèze avait adressées à la Convention nationale : Je cherche, aurait-il pu dire, je cherche devant moi des juges et je ne vois que des serviteurs de l'Empereur.

Le Sénat n'a rien écouté, alors qu'il y avait tant de choses utiles à entendre, s'il avait été un tribunal. La demande de divorce s'appuyait, il est vrai, sur un prétendu consentement mutuel ; mais toutes les précautions prises par le code Napoléon pour assurer la spontanéité, la liberté et la persévérance de ce consentement ont été négligées et, devant un Tribunal, il eût été impossible d'obtenir, dans ces conditions, un jugement déclarant que la loi permettait le divorce.

Examinons les prescriptions du code civil en matière de divorce par consentement mutuel ; elles sont énumérées dans l'article 289. Il fallait, d'abord, que la femme ne fût pas âgée de 45 ans, et l'impératrice, née en 1763, avait dépassé cet âge ; un Tribunal était tenu d'observer cette prohibition, le Sénat n'y a pas songé.

Sur cette condition d'âge, j'appelle votre attention ; parce qu'elle prouve que le législateur n'a pas considéré comme cause de divorce l'inaptitude de la femme à donner des enfants à son mari. En effet le divorce par consentement mutuel est interdit précisément lorsque la femme a atteint l'âge où communément, elle cesse de prouver sa fécondité par des signes apparents : or le divorce de l'Empereur n'était motivé, toutes les pièces officielles en font foi, que par l'infécondité de l'impératrice, c'est-à-dire qu'il s'appuyait sur une considération que le législateur réprouvait comme cause déterminante de la volonté de divorcer.

Le reste de l'article 289 explique ce que doit être le consentement mutuel : un consentement réfléchi et persévérant, manifesté plusieurs fois, à de longs intervalles, et qui, par conséquent, n'est pas donné par hasard, par caprice, dans un moment d'irritation, ou bien après de longues sollicitations, après des résistances énergiques et comme par lassitude, cédant aux obsessions et cédant à regret.

La maturité des consentements est assurée par les formalités exigées : plusieurs comparutions devant les magistrats pendant le cours d'une année entière, des observations adressées aux parties lors de chacune de ces comparutions, la nécessité, après l'année écoulée, d'obtenir un jugement qui peut rejeter le divorce si le Tribunal juge que les parties n'ont pas satisfait aux conditions et rempli les formalités. Voilà des prescriptions imposées à peine de nullité d'après la jurisprudence de l'époque, qui n'auraient pas été négligées par le Sénat s'il eût été un Corps judiciaire.

Et c'eût été justice, car il était de notoriété publique que l'Impératrice depuis longtemps redoutait le divorce, que l'Empereur avait plusieurs fois, pour la rassurer, fait démentir officiellement le projet de divorcer dont la rumeur publique s'était préoccupée, et que quelques jours avant le vote du Sénat, lorsque Napoléon avait enfin manifesté sa volonté arrêtée, l'Impératrice avait montré par ses larmes et se sanglots combien elle était loin de consentir à l'acte qui brisait son cœur et qui consacrait sa déchéance. Trois jours après, elle apportait dans une sorte de réunion de famille, un discours écrit qui contenait son consentement, elle n'en pouvait lire que les premières lignes, et la lecture était achevée par le comte Regnault de Saint-Jean d'Angély, auprès de la Souveraine, inerte, muette, sans regard et comme sans vie.

Quel est le Tribunal ou le président de Tribunal qui eût accepté comme sérieux un pareil consentement ?

Si le Sénat ne pouvait pas trouver son droit de juridiction dans le code civil, l'aurait-il pu puiser dans le statut sur l'état-civil de la Famille impériale (décret du 30 mars 1806) ? Aucune disposition de ce décret ne touche à cette question de compétence, mais il y a un article (l'art. 7), qui donne une solution très importante sur le fond du droit.

Par l'article que je viens de citer, le divorce est interdit aux membres de la famille impériale de tout âge et de tout sexe. La justice aurait été arrêtée par cette disposition ; elle l'aurait au moins discutée ; mais il est clair que le Sénat a considéré qu'elle était inapplicable à l'Empereur parce que le décret s'occupait principalement des devoirs des princes envers le chef de l'État.

Mais, en regardant de près le texte, on arrive assez naturellement à penser qu'il ne devait pas être ainsi interprété. L'article premier du statut de 1806 déclare que l'Empereur est le chef et le père commun de sa famille ; or, s'il en est le père, il en fait certainement partie ; d'ailleurs pour démontrer que le statut n'a pas omis, avec ou sans intention, de parler de l'Empereur, il suffit de citer les articles 23 et 24 réglementant la forme du testament de l'Empereur et l'article 14 instituant un officier de l'état-civil pour la famille impériale ; cet article s'exprime ainsi : l'archi-chancelier remplira par rapport *à nous* et aux princes et princesses de notre famille les fonctions d'officier de l'état-civil, preuve manifeste que l'Empereur songeait à sa propre personne en édictant le décret, aveu formel qu'il se considère comme un membre de la famille impériale.

Mais qu'importe la solution de cette question sur le droit de divorcer, c'est une question de compétence que nous agitons et le statut ne nous fournit aucun document sur ce point.

Le Sénat ne pouvait donc pas se déclarer compétent

comme Tribunal ; il n'a pas même cru à son droit et c'est pour cela qu'au lieu de prononcer le divorce entre les deux époux impériaux, il a employé une expression vague et indécise en disant : le mariage est dissous.

Au-dessus du pouvoir judiciaire se place le pouvoir législatif ; ne devons-nous pas alors nous demander si ce n'est pas comme législateur que le Sénat a statué sur la rupture du mariage de l'Empereur.

A cette prétention, si le Sénat l'avait eue, de graves objections pouvaient être opposées. D'abord une objection théorique ; le pouvoir législatif a lui-même des bornes ; il édicte des règles obligatoires pour tous, qui régissent l'avenir par des motifs d'intérêt général ; mais on ne comprend pas le législateur statuant sur des faits accomplis et réglant les intérêts de deux personnes déterminées. N'est-ce pas d'ailleurs un des principes qui se trouvent au moins à l'état latent dans toutes nos constitutions que l'état des personnes est placé sous la protection du pouvoir judiciaire : s'il en était autrement, si le droit de juger appartenait au pouvoir législatif il n'y aurait pas de liberté, et le juge deviendrait un oppresseur, suivant l'expression de Montesquieu (I). La déclaration des droits de l'homme qui sert d'introduction à la Constitution de 1791, garantit la séparation des pouvoirs dans son article 16, et la Constitution elle-même, dans l'article premier du chapitre V, écrit : le pouvoir judiciaire ne peut en aucun cas être exercé par le Corps législatif, ni par le roi. La même disposition se rencontre dans la Constitution de l'an III (art. 46). Il ne paraît pas que la Constitution de l'an VIII ait abandonné ces principes, elle a, au contraire, organisé très distinctement le pouvoir législatif et le pouvoir judiciaire.

La question, d'ailleurs, ne doit pas rester cantonnée sur le terrain de la théorie constitutionnelle ; elle ne se présente pas

(1) *Esprit des lois*, liv. XI, ch. 6.

sous cette forme abstraite : le pouvoir législatif peut-il prononcer la rupture du mariage de deux personnes déterminées. Elle comporte une solution plus nette et plus sûre parce que cette solution s'appuie sur des textes. Je la formule ainsi : La constitution de l'an VIII, et les constitutions de l'Empire, pour parler le langage officiel du temps de Napoléon, étaient loin d'accorder au Sénat le pouvoir de légiférer.

La constitution de l'an VIII, en établissant trois corps délibérants, réserve à l'un de ces corps le droit de faire la loi, elle l'appelle pour cela le corps législatif (art. 25) ; la formule est absolument exclusive d'une attribution semblable à une autre assemblée : « il ne sera promulgué de « lois nouvelles que lorsque le projet aura été proposé par « le Gouvernement, communiqué au Tribunat et décrété par « le Corps législatif. »

Le rôle du Sénat est tout autre ; il nomme les législateurs, les tribuns, les consuls...

Il maintient ou annule les actes déférés comme inconstitutionels par le tribunat ou le gouvernement (art. 24). Par cette dernière attribution le Sénat a une certaine influence sur le pouvoir législatif, mais son rôle est plutôt celui d'une cour de Cassation. Il accepte l'œuvre du Corps législatif ou il la détruit. Mais il ne peut pas édicter une loi, par sa propre autorité.

Voilà ce qu'était le Sénat aux premiers jours de son histoire, en frimaire an VIII. Il a, par la suite, reçu plus ou moins constitutionnellement, une extension de ses pouvoirs ; mais, en examinant les actes qui ont étendu sa compétence, on reste convaincu qu'il n'a pas détrôné le corps législatif et que, s'il a conquis le droit de faire des lois, ce n'a été qu'à titre exceptionnel, dans des hypothèses prévues limitativement, le Corps législatif restant, si on peut s'exprimer ainsi, le législateur de droit commun.

C'est le Sénat lui-même qui, d'accord avec le premier

Consul et l'Empereur, a, petit à petit, étendu le domaine étroit que lui assignait la Constitution ; par la force des choses il n'a pas pu se substituer au Corps législatif et il n'a acquis que certaines prérogatives spécialement indiquées dans les différents actes qu'il a votés lui-même et pour lui.

C'est par une sorte de travail de jurisprudence qu'il fait sortir de la Constitution de l'an VIII une organisation à laquelle ses auteurs n'avaient pas songé.

Mirantur que novas frondes et non sua poma

C'est ainsi que les tribunaux trouvent quelquefois, par des efforts de raisonnement, dans des textes obscurs ou incomplets, bien des principes que le législateur ne savait pas y avoir déposés.

Le Sénat avait le droit de nommer les consuls (constitution de l'an VIII); il en conclut, le 18 floréal an X, qu'il peut prolonger de dix ans les pouvoirs de Bonaparte et le 14 thermidor de la même année, après un vote national provoqué par les consuls, il proclame Bonaparte premier consul à vie. Il faut examiner de près le texte de ce second sénatus consulte ; il contient en germe toute la théorie sur laquelle s'appuient les droits nouveaux du Sénat. Un de ses considérants est ainsi redigé : Considérant que le Sénat, établi par la Constitution organe du peuple pour tout ce qui concerne le pacte social... La Constitution ne s'était pas exprimée si catégoriquement ; mais en décorant le Sénat du titre de Conservateur, elle donnait un point d'appui à ses prétentions législatives, parce qu'on pouvait soutenir qu'on ne conserve pas bien si on n'améliore pas.

Le principe était ainsi posé et il était accepté parce qu'on l'identifiait avec la prolongation des pouvoirs du Consul. Dès lors on a pu deux ans plus tard, le 28 floréal, an XII, édifier sur la même base tout un sénatus-consulte de la plus haute importance constitutionnelle.

En floréal an XII on proclame une règle générale sur les

pouvoirs du Sénat. On lui attribue notamment le droit de faire des sénatus-consultes organiques, dont l'article 54 détermine l'objet et la nature. Ils sont destinés à régler tout ce qui n'a pas été prévu par la Constitution et à expliquer les articles de cette constitution qui donnent lieu à différentes interprétations.

Au-dessous des sénatus-consultes organiques, viennent les sénatus-consultes non qualifiés qui peuvent être votés dans des cas déterminés au nombre de six.

Hors de là, le pouvoir législatif du Sénat n'existe pas et, par conséquent, c'est au Corps législatif qu'il appartient de faire des lois.

Donc il faudrait que le sénatus-consulte du 16 décembre 1809, qui prononce le divorce, eût un caractère organique pour qu'on pût y voir un acte législatif. Or le Sénat lui-même ne l'a pas ainsi qualifié, tandis que le Bulletin des lois contient nombre de sénatus-consultes qui portent ce titre, parce qu'en effet ils statuent sur des matières constitutionnelles ; mais tel n'est pas le caractère de l'acte qui dissout le mariage de l'Empereur.

Il s'agit, en effet, d'une décision qui intéresse pour l'avenir la politique du Souverain ; son but est de donner à la France l'espoir d'un héritier direct du grand homme qui la gouverne ; mais il est difficile d'admettre que ce sénatus consulte ait trait au fonctionnement de la Constitution. Ce qui est constitutionnel dans le sénatus-consulte du 28 floréal an XII, c'est l'organisation d'une famille impériale dont les membres, dans un certain ordre hiérarchique, peuvent être appelés à régner sur la France ; que l'Empereur meure sans enfants, la Constitution n'en souffre aucune atteinte puisqu'elle désigne ceux qui seront appelés à lui succéder ; ce sont des frères, des neveux, des petits-neveux. Que ce soit Joseph ou Louis, ou un autre qui succède, pourvu qu'il vienne à son rang, la Constitution produit son plein et entier effet. Par conséquent, le Sénat, en rendant possible le second mariage de l'Empereur a statué sur une importante question politique qui n'avait pas le caractère constitutionnel ; il n'agissait donc pas en vertu des pouvoirs qu'il avait acquis comme chargé de compléter ou d'expliquer ce qu'il a appelé le pacte social.

J'en trouve la preuve dans les déclarations officielles qui ont précédé le sénatus-consulte de décembre 1809. Elles montrent clairement le caractère personnel et politique de l'acte à accomplir, le caractère constitutionnel n'y apparaît aucunement.

Je citerai principalement les paroles prononcées par l'Empereur lui-même, dans la réunion de famille du 15 décembre où furent échangés les consentements des deux époux au divorce projeté. Napoléon parle des circonstances de sa famille, de l'état politique de la France, du bien de ses sujets, qui exige une descendance directe et des héritiers nés de lui, enfin de la nécessité de faire violence à ses sentiments personnels (1).

Dans le rapport présenté au Sénat par le comte de Lacépède, au nom de la Commission chargée de préparer le sénatus-consulte, on trouve également un complet désintéressement au point de vue constitutionnel, et le grand souci de présenter l'acte de divorce comme un monument des affections les plus touchantes, de louer surtout le Souverain qui, pour le bonheur de ses peuples, a imité quelques-uns des rois ses précédesseurs et sacrifié comme eux ses sentiments les plus chers.

Il fallait que Lacépède fût bien dépourvu de raisons juridiques pour en être réduit à citer l'exemple de Philippe-Auguste, de Louis XII et de Henri IV. Entre leur situation et celle de Napoléon il y avait un abîme ; le mariage avait été, en France, laïcisé comme on dit aujourd'hui, par les lois de la Révolution.

(1) Welschinger, p. 39.

Du temps de l'ancienne Monarchie, le mariage dépendait de l'Eglise, qui n'admettait pas le divorce, mais qui prononçait la nullité si quelqu'une des conditions nécessaires à la validité de l'union avait manqué lorsqu'elle avait été contractée. C'était l'autorité ecclésiastique, le pape le plus souvent, qui invalidait le mariage. Les anciens rois n'avaient donc affaire qu'aux lois de l'Eglise et aux juges ecclésiastiques ; l'Empereur au contraire avait contracté un mariage civil et un mariage religieux. En ce qui concernait le lien civil, il était obligé de respecter les lois qu'il avait faites lui-même ; il cherchait le divorce ; il ne demandait pas la nullité, et les précédents invoqués étaient sans valeur quand il s'agissait d'établir la compétence du grand corps politique auquel il demandait de prononcer la dissolution de son mariage.

Le sénatus-consulte de 1809 était donc nul et sans effet ; j'ajoute que les conséquences de cette nullité auraient pu être des plus graves si, les événements ayant suivi leur cours naturel, l'Empereur était mort sur le trône.

Le divorce étant nul, Napoléon n'avait pas pu contracter un mariage légitime avec Marie-Louise. D'après le code Napoléon ce mariage atteint du vice de bigamie pouvait être attaqué par toute personne intéressée, alors même qu'il se fut écoulé un long temps depuis sa célébration.

De ce mariage nul, ne pouvaient naître que des enfants adultérins, dépouillés de tout droit à la succession paternelle. Dès lors, le Roi de Rome n'est plus enfant légitime, il n'est plus héritier du trône et l'Empereur n'a pas de descendants directs. Le but qu'on voulait atteindre est donc manqué, ou pour mieux dire, on a obtenu des résultats contraires à celui qu'on désirait, on a semé des germes de discorde qui se développeront dans l'avenir.

Est-on bien sûr, en effet, qu'à la mort du grand Empereur, ses frères n'auraient pas essayé de prétendre à la couronne en s'appuyant **sur** l'illégitimité du jeune prince. N'a-t-on pas vu des guerres civiles naître d'une pareille compétition et quelles en auraient été les suites pour l'Empire et pour la France ?

Un jurisconsulte, il est vrai, pourra dire que j'exagère les conséquences possibles de la nullité du mariage. Il trouvera dans l'article 201 et dans l'article 202 du code civil que le mariage nul produit des effets quand l'un des deux époux, au moins, a été de bonne foi, c'est-à-dire a ignoré le vice dont le mariage était entaché. L'archiduchesse Marie-Louise, peut, en effet, avoir ignoré les dispositions des lois françaises et, en raison de cette ignorance, le mariage aurait pu produire ses effets tant à son égard que par rapport à son enfant.

Certainement, en droit, devant un tribunal régulier, on pourrait plaider avec succès, peut-être, que l'Impératrice était de bonne foi ; mais la dignité Impériale ne se dispute pas dans l'enceinte paisible des tribunaux, et il est impossible de ne pas voir à quel danger aurait été exposé l'établissement Impérial, si des prétendants avaient pu alléguer avec une certaine vraisemblance que le prince impérial était enfant naturel. Il n'est pas besoin d'un prétexte plus sérieux pour soulever les mécontents et les grouper autour d'un drapeau qui paraît être celui du droit et de la légitimité.

Ne croyez pas, Messieurs, que je construis moi-même et pour le besoin de ma démonstration, une hypothèse de pure fantaisie. Il existait, même, sous le premier Empire, des mécontents et des conspirateurs et l'histoire nous montre ces ennemis du gouvernement déjà en possession de l'idée juridique que j'ai exposée devant vous.

C'était en 1812, Napoléon était loin, il traversait la Russie, revenant de Moscou ; un prisonnier politique s'échappe d'une des prisons de Paris et, avec l'aide de quelques amis, il veut faire proclamer la République par les soldats mêmes à qui l'Empereur avait confié la garde de la capitale. Pour entraîner les chefs de cette armée, ils annoncent que l'Empereur est mort et que le Sénat vient de rétablir la République ; ils promènent de caserne en caserne le texte d'un faux sénatus-consulte dont l'une des dispositions casse le mariage de Marie-Louise et déclare illégitime le jeune Napoléon. C'est dans les mémoires du chancelier Pasquier que je trouve ce renseignement et le chancelier devait ne rien ignorer de la conspiration de Malet, puisqu'il était alors préfet de police, et qu'en cette qualité, il avait été pendant quelques heures prisonnier des conspirateurs (1).

Comment serait-il venu à l'idée de ceux qui voulaient renverser le gouvernement de s'attaquer au mariage du chef de l'État, s'il n'y avait pas eu dans la conscience publique un certain doute concernant ce mariage avec un sentiment, peut-être irréfléchi, de protestation contre le divorce de Napoléon, et surtout contre les conditions dans lesquelles il s'était accompli.

Je ne suis pas un complice posthume du général Malet ; mais j'ai été heureux de rencontrer dans son sénatus-consulte apocryphe la preuve qu'en 1812 il existait des Français, peut-être en grand nombre, qui plaçaient l'institution du mariage au-dessus du caprice ou des combinaisons politiques d'un souverain tout-puissant.

(1) Mémoires du chancelier Pasquier. — *Revue des Deux-Mondes* 1893, p. 284.

Orléans. — Imp. Paul PIGELET.